FAMILLES DE LA FRANCE COLONIALE

LES

ROUER DE VILLERAY

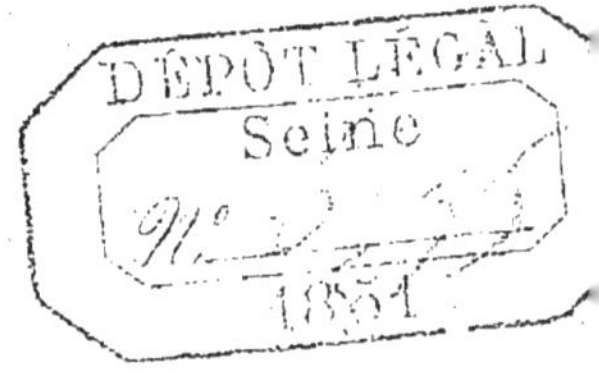

PARIS

E. DE SOYE ET Cᵉ, IMPRIMEURS

RUE DE SEINE, 36.

1851

FAMILLES DE LA FRANCE COLONIALE

LES

ROUER DE VILLERAY

La France, en fondant au loin des colonies, n'a pas seulement accru ses richesses et sa puissance, mais, par cela même qu'elle ouvrait un champ plus vaste à son activité, elle étendait en même temps son domaine de gloire.

Parmi les familles qu'elle envoyait établir ces provinces situées au delà des mers, quelques-unes d'entre elles, qui s'étaient distinguées depuis longtemps, y devaient continuer les traditions de leurs ancêtres ; d'autres, en plus grand nombre, nées en quelque sorte avec le pays, étaient destinées à se faire connaître par les efforts qu'elles feraient pour son établissement, et l'honneur qu'elles y ont acquis se réflète en partie sur la France.

L'histoire de la métropole aimera sans doute à rappeler les noms les plus éclatants. Mais au-dessous des grands hommes, il en est dont les services plus modestes, appartenant plus spécialement à l'histoire des colonies mêmes, méritent, lorsqu'ils sont continus, de n'être pas oubliés, au moins des peuples, à la naissance, au développement et à la défense desquels ces hommes ont pu contribuer par leurs lumières ou par leur courage.

Tels sont les Rouer de Villeray, qu'un sentiment d'affection et de respect veut honorer ici d'un souvenir entièrement étranger à l'orgueil. Malheureusement cette famille, connue plus particulièrement en Canada, n'a laissé que peu de documents sur elle-même. — En 1793, au Havre, la femme du marquis Rouer de Villeray, qui venait d'émigrer, dans la crainte d'une visite domiciliaire, brûla tous les papiers qui, en la signalant comme noble, pouvaient la dénoncer aux persécutions. Ainsi réduit à quelques documents épars, l'on ne peut qu'indiquer sommairement les mérites qui ont recommandé cette famille. Mais ces renseignements, puisés à des sources certaines, pourront être un jour complétés par des personnes mieux instruites qui s'y intéresseront.

La famille des Rouer de Villeray, d'après ce qu'on en a toujours entendu dire et suivant un livre qui le répète (1), est originaire d'Italie, et quoique la différence des armes puisse faire obstacle à cette opinion, elle appartiendrait, *suivant ce livre*, à la maison de La Rovère, l'une des plus illustres et des plus anciennes de l'Europe, « qui a donné deux papes à l'Église, des princes souverains à l'Italie, une infinité de cardinaux et d'évêques, des doges à la République de Gênes et des chevaliers des ordres les plus distingués de l'Europe (2). »

Divisée en plusieurs branches, établie en Piémont d'où elle sortait, à Gênes, à Venise, dans le Comtat-Venaissin, cette famille a passé aussi en France sous plusieurs noms : Rouvère, La Rouyer, Rouer. Quant à ce qui concerne ce dernier nom, il y avait dans le Languedoc des Rouer de Fourquevaux, venus de Lombardie, dont l'un, Raymond de Rouer, chevalier de l'Ordre du Roi, gouverneur de Narbonne, envoyé en ambassade vers le roi d'Espagne, commanda, vers 1562, comme capitoul, les armées du roi contre les religionnaires, dans le Haut-Languedoc. — Louis Rouer de Villeray, le premier de ce nom qui alla s'établir au Canada, était d'une branche établie en Touraine, où elle était connue et respectée (3) ; et le titre de

(1) *Voyage à la Louisiane et sur le continent de l'Amérique septentrionale*, fait dans les années 1794 à 1798, par B. D***.

(2) *Dictionnaire de la noblesse*.

(3) M. le comte de Raymond de Villognon, maréchal des camps

marquis dont ses descendants héritèrent, paraît leur être venu de M. René de Rouer, marquis de Villeray, seigneur de Martin-Révillon et de Comblot, près de Mortagne, lequel y était décédé sans enfants, le 14 avril 1744, après avoir été chevalier des ordres royaux de Saint-Louis et de Saint-Lazare, ancien guidon des gendarmes de France, sous-lieutenant des chevau-légers d'Orléans (1). Les armes de cette dernière branche des Rouer sont d'azur au chevron d'or, accompagné de trois casques d'argent posés de profil, deux en chef et un en pointe. — Quels étaient les divers degrés de parenté entre ces Rouer différents? c'est ce que présentement on saurait d'autant moins établir que la fortune, qui paraît n'avoir pas été aussi favorable aux uns qu'aux autres, éleva ceux-ci, tandis qu'elle précipitait ceux-là dans l'obscurité et dans l'oubli.

Louis Rouer, qui arriva en Canada vers 1650, à l'âge de vingt-un ou vingt-deux ans, y vint très-pauvre. Mais il s'était sans doute résolu à cet exil

---

et armées du roy, gouverneur de l'île Royale, dont le père était duc à brevet et gouverneur des ville et château d'Angoulême, nous dit, lorsqu'il prit possession de ce gouvernement, qu'il s'honorait d'appartenir à notre famille à laquelle il avait, dans tous les temps, pris le plus vif intérêt, ce qu'il justifia en désignant mon père pour commander à l'île Saint-Jean, en 1753, et, sur la fin de cette année, deux de mes frères et moi fûmes faits officiers. (*Papiers de famille*, *note de René-Benjamin de Villeray*.)

(1) *Papiers de famille*.

pour conquérir au loin ce que le sort lui avait refusé dans sa patrie et peut-être donné à des aînés. Ainsi faisaient les cadets de Normandie, prenant pour devise ces mots : « Cherche qui n'a. » Le jeune Rouer chercha, mais ce qu'il trouva d'abord, ce furent les dangers et la peine. Il venait en des temps où la petite colonie de Québec, commencée par Champlain, sous Henri IV et sous Richelieu, était à chaque instant menacée de ruine par les incursions des sauvages Iroquois, autant que par la mauvaise administration d'une petite oligarchie qui, depuis 1645, avait remplacé en fait la compagnie des Cent-Associés. Les années, qui s'écoulèrent de 1650 à 1664, furent les plus mauvaises de l'établissement ; et au milieu de dangers incessants, de privations sans nombre, il fallait aux premiers colons bien du courage pour persévérer à vouloir jeter les fondements d'une société nouvelle. Néanmoins la Providence, venant en aide au dévouement des uns, au savoir-faire des autres, assura définitivement leur entreprise par l'avénement de Colbert au pouvoir. Les talents de Louis Rouer trouvèrent ainsi leur place.

Le comte de Frontenac, qui lui fut hostile, dit, dans une de ses lettres, qu'il s'était engagé en arrivant dans la garnison. Il y a lieu de croire toutefois qu'il ne demeura pas longtemps dans cette position tout à fait subalterne et qu'on voulut utiliser pour la colonie les connaissances qu'on avait trouvées en lui. A l'âge de vingt-quatre ou vingt-cinq ans, de 1654 à 1657, il remplit les fonctions de notaire ; vers 1659, il était lieutenant particulier en la sénéchaussée de Québec. Enfin, les talents qu'il déploya, et peut-être sa naissance, appelèrent sur lui le choix, pour être premier conseiller, lorsque Colbert institua le conseil souverain en 1663. C'est en cette qualité que nous le voyons signer au-dessous du nom de François de Montmorency-Laval, premier évêque de Canada, une lettre intéressante par laquelle, le 23 juin 1664, le conseil souverain remerciait le roi de l'envoi d'engagés pour peupler le pays. On trouve dans cette lettre un passage remarquable, qui pourrait être encore un avis utile dans les colonisations présentes. Le conseil, ayant distribué les hommes arrivés aux anciens habitants pour les servir, disait à ce sujet : « Par cet ordre nous « donnons moyen aux anciens habitans d'avan- « cer leurs travaux et aux nouveaux venus de s'in- « struire en cette nature de travail, que les meil- « leurs hommes de France, venans en ce pays, se- « roient necessités d'apprendre, en telle façon « que la première année ce qu'ils font ne vaut « pas la moitié des gages qu'on leur paye, qui « sont depuis 20 écus jusqu'à 30 par an et plus. « En trois ans, ils ont toute l'expérience possible. « Pour peu d'intrigues qu'ils ayent avec quelque « peu d'avances, ils s'habituent très-facilement et

« ne s'en faict pas moins d'habitans, et *supposé*
« *que sitost qu'ils arrivent de France on leur distri-*
« *buast des terres et que Vostre Majesté leur fist donner*
« *des provisions pour un an, il s'en trouveroit plus*
« *des trois quarts qui mourroient de faim avant la*
« *fin de l'année.* Il y a une infinité de raisons à
« l'appui, qui seroient trop longues à déduire,
« desquelles Vostre Majesté peut se faire instruire
« par des personnes qui ont esté dans le pays. (1) »

Louis Rouer fut donc un des premiers représen-
tants de la magistrature française en Canada, et il y
concourut ainsi avec les intendants, pendant près
de trente ans, à la promulgation des lois. C'étaient
là des fonctions d'autant plus honorables qu'elles
n'avaient point d'antécédents en ce pays ; mais
plus elles étaient importantes, plus aussi elles devaient rencontrer d'obstacles au milieu des divi-
sions propres à tous les États qui ne sont pas encore organisés.

Ces dissensions, auxquelles le conseil souverain
prit une part considérable, ne laissent entrevoir la
conduite de ces premiers magistrats qu'à travers le
voile des commentaires passionnés de leurs adver-
saires, qui les représentent comme un petit parle-
ment, servant d'autres intérêts que ceux du roi. Il
sera bien difficile à l'historien, même le plus cons-
ciencieux, de reconnaître la vérité entière. On n'en-

______

(1) Archives du ministère des affaires étrangères.

trera donc pas ici dans les détails du rôle que Louis Rouer joua dans ces débats, rôle qui semble l'avoir exposé, plus que tout autre, aux colères des officiers du roi, dont il finit toutefois par triompher.

Cassé en 1664 par M. de Mezy, gouverneur, rétabli par le roi, cassé de nouveau par le successeur de M. de Mezy, M. de Courcelles, rétabli à la nouvelle organisation du conseil souverain, en 1674, dans sa charge de premier conseiller, il finit par demeurer, malgré toutes les tempêtes, dans cette position, où il mourut vers 1700, après avoir en outre rempli, en 1688, les fonctions d'agent général des fermes du roi en Canada. A l'époque de sa mort, soit que les animosités anciennes se fussent calmées, soit qu'il eût des amis aussi dévoués que ses ennemis avaient été ardents, on trouve (1) sur la place de premier conseiller à remplir la note suivante, qui permet à la fois de savoir ce qu'on pensait de lui et ce qu'était la place qu'il occupait.

« Le sieur de Villeray, est-il dit, l'a exercée de-
« puis la déclaration du roy de l'année 1675 avec
« beaucoup d'équité et d'honneur. Personne avant
« lui ne l'avoit possédée, ce qui donne aujour-
« d'huy lieu de douter, sous le bon plaisir de Sa
« Majesté, si cette place est unique et distincte des

______

(1) Cartons du ministère de la marine. Personnel civil, Canada.

« six autres, ou si l'ancien des six conseillers y
« doit monter de droit par voie de succession.

« Le sieur de Villeray s'est toujours regardé
« dans sa place comme *primus inter pares*. Ça tou-
« jours été et c'est encore l'esprit dans lequel
« M. le gouverneur et M. l'intendant, et tous les
« membres du conseil, regardent cette première
« place; changer cet ordre, ce seroit les désoler
« tous. »

Il est dit ailleurs, dans le même document,
que « sa mémoire était respectée dans le pays. »
Il est certain qu'il n'en pouvait être autrement, si,
dans les autres circonstances où il s'attira l'ani-
madversion des gouverneurs, il put équitablement
expliquer sa conduite comme il le fit à propos de
son envoi en France par M. de Mezy.

« La source du désordre, écrivait-il en cette oc-
« casion, procede de deux choses : l'une de ce que
« l'édyct du roi touchant l'erection du conseil sou-
« verain à Québec diminue la grande autorité des
« gouverneurs, et l'autre l'avarice de M. de Mezy,
« qui luy a fait rechercher par force et par artifice
« une augmentation de 5,000 livres au delà des
« précédens gouverneurs. Jugez où cela va, eu
« esgard au pays et à sa pauvreté. J'ay fait tout le
« possible pour empescher cette augmentation et
« que les intentions de Sa Majesté fussent suivies,

« et plus j'y ay faict mon debvoir, plus il a eu oc-
« casion de m'en scavoir mauvais gré, et pour cela
« il a mis tout en usage pour me perdre (1). »

C'était là l'explication que M. de Villeray don-
nait de sa disgrâce. On n'en pouvait donner de
plus belle pour un magistrat, que celle de sa lutte
contre un chef à qui des motifs d'intérêt faisaient
mépriser les lois.

Tel est l'aperçu qu'on peut donner de l'homme
qui porta le nom de Rouer dans l'Amérique du
Nord.

La position qu'il avait occupée pendant près
de trente ans dans la magistrature devait naturel-
lement recommander aux fils qu'il avait eus de
Catherine Sevestre, fille d'un des principaux du
pays, une carrière où leur père leur avait facilité
le chemin par ses propres labeurs et l'estime qu'il
s'était acquise. On les voit, en effet, conseillers
successivement. Rouer de Villeray, d'abord juge
de l'île Saint-Laurent, entre dans le conseil en
1703. Rouer de Saint-Simon, nommé en 1714 à
une expectative de conseiller, obtenait la place en
1717. Et la même année, un Rouer d'Artigny était
reçu dans cette charge (2).

Malheureusement, avec le peu de documents

(1) Bibliothèque nationale, fonds Colbert. *Collection verte.*
(2) Ministère de la marine, *Registres de Laffilard.* Personnel des colonies.

que l'on a, l'on ne peut suivre distinctement la
généalogie de cette famille. Quoique de temps en
temps, par des actes notariés, on aperçoive ses al-
liances avec les premières familles du pays, telles
que les Legardeur de Tilly et de Repentigny, les
Bonaventure, les Léry, les Galenerie, les de Ganes,
les Lemoine de Longueil, et autres qui ont occupé
de hauts postes (1), elle ne nous apparaît guère,
pour ainsi dire, ici, que par les fonctions qu'elle
remplit et par les services qu'elle rend. C'est pour-
quoi on se plaît à la voir en rendre de toute es-
pèce. Après avoir contribué à établir et à faire respecter les lois dans le pays, lorsque la rivalité des
colonies anglaises menace nos possessions, elle suit
la carrière des armes et offre son sang à la patrie.
Depuis le conseiller Augustin Rouer d'Artigny, âgé
en 1736 de soixante à soixante-dix ans, et qui
meurt le 4 juillet 1743, on ne voit plus le nom
des Villeray figurer que sur les matricules de
l'armée.

Dans une colonie gardée en partie par ses milices,
et où il n'y a que peu de troupes réglées, par con-

___

(1) C'était de la famille des Lemoine de Longueil qu'était
l'illustre d'Iberville. Un Legardeur de Tilly, capitaine de vaisseau, s'est distingué par le combat fameux de *la Bayonnaise*
contre deux frégates anglaises, dont une fut prise et conduite
à Rochefort. Un Repentigny, primitivement colonel du régiment royal américain, fut ensuite gouverneur de Gorée. Un
Lery fut fait général de division et commanda l'arme du gé-
nie à l'armée d'Espagne.

séquent où l'avancement subit la loi du petit nombre des soldats et des officiers, les grades que les Villeray y obtinrent devaient être modestes, même après de laborieux et honorables services. Ceux, en effet, qui jugeraient par le grade du mérite des officiers de nos anciennes colonies se tromperaient, car l'on pourrait citer l'exemple de créoles qui, venus en France, s'élevaient aisément tout jeunes à un grade supérieur à celui qu'ils étaient forcés d'accepter en rentrant dans la colonie, où ils le gardaient pendant vingt ans. Tel fut, entre autres, un des Varennes de la Verendrye, qui fut chargé de la découverte de la mer de l'ouest, et qui, lieutenant en France en 1709, rentra en Canada parce qu'il n'était pas assez riche, y redevint enseigne, et l'était encore en 1729 malgré ses talents, la noblesse de son caractère et les neuf blessures qui l'avaient fait laisser pour mort à la bataille de Malplaquet. Du reste, les guerres en Amérique, pour n'avoir pas d'aussi grands champs de bataille et n'être souvent que de grands combats d'escarmouche, étaient peut-être plus rudes et aussi plus dangereuses que celles d'Europe; car les espaces à parcourir étaient immenses; il fallait combattre plus souvent d'homme à homme, et le cri du sauvage avertissait le soldat du danger qu'il courait d'être scalpé ou brûlé. C'est sur ces données, et non d'après ce que nous avons ici sous les yeux, qu'il faut considérer les grades des Villeray et ceux de leurs compatriotes.

En 1733, un Villeray est nommé enseigne en second, et passe enseigne en pied en 1739. En 1744, un autre Villeray d'Artigny, qui avait obtenu une enseigne en second en 1738, devenait également enseigne en pied ; mais les infirmités l'obligeaient à se retirer du service en 1756, et il obtenait sa retraite comme lieutenant réformé. Il était douloureux pour un officier d'abandonner les armes lorsque l'Angleterre commençait contre le Canada la triste guerre de sept ans, et cette nécessité ajoutait aux douleurs physiques de celui-ci ; toutefois, il avait cette consolation, que ceux de sa famille ne faisaient pas défaut au besoin que la colonie avait de tous ses bons soldats contre des colonies qui lui étaient trente fois supérieures en nombre.

A cette époque, nous voyons quatre Villeray officiers sous les drapeaux ; trois d'entre eux étaient fils de Marie-Pepin Laforce et d'un Villeray encore capitaine des troupes à l'île Royale, et qui commandait à l'île Saint-Jean en 1753. Le premier des fils de ce capitaine, né à Niagara, et qui fut plus tard chevalier de l'ordre royal et militaire de Saint-Louis, capitaine commandant au régiment de la Martinique, se nommait Joseph Villeray de la Cardonnière. Le second était René-Benjamin Rouer de Villeray, qui mourut, en France, colonel de cavalerie.

Celui-ci avait commencé à servir à l'île Royale, en qualité de cadet gentilhomme, le 1ᵉʳ septembre 1750. Il avait été nommé enseigne en second le 1ᵉʳ avril 1754. En 1758, détaché du fort Gaspareaux, où commandait son père, qui y était passé de l'île Saint-Jean, il n'y avait nullement ménagé sa personne, pas plus qu'à Louisbourg, où il fut deux fois blessé. Son frère, Rouer de la Cardonnière, enseigne depuis le 1ᵉʳ mars 1757, perdit en cette circonstance la liberté, et ne fut échangé qu'au bout de sept mois. A cette époque, il passa à Rochefort, où il continua de servir. Ce fut ainsi que ces deux frères dirent adieu au pays que leurs pères avaient contribué à établir, l'un en l'arrosant de son sang, l'autre en souffrant la prison pour lui. En effet, après le traité de 1763, ils aimèrent mieux perdre leurs biens que de servir sous un drapeau étranger (1).

Le troisième Villeray, sur lequel on n'a pas de détails, imitait leur exemple, et il était envoyé comme lieutenant à Saint-Domingue. Leur mère, devenue veuve, et leur sœur, qui les avaient suivis à Rochefort, où elles moururent, furent réduites à une pension très-médiocre, que le roi leur accorda comme aux autres familles réfugiées (2).

Mais le sacrifice que les Villeray faisaient ici de

(1) Cartons de la marine. Personnel. *Papiers de la famille. États de services.*

(2) Cartons de la marine. Personnel.

leurs biens ne fut pas le plus douloureux de ceux que cette famille devait, dans ce continent, faire à l'amour de la patrie. Un drame cruel allait se passer en Louisiane, et un Villeray, établi dans cette colonie, y devait jouer un rôle auquel tous les cœurs vraiment français sympathisèrent.

La Louisiane ayant été cédée comme un fardeau inutile, une partie à l'Angleterre, la plus grande portion à l'Espagne, cette colonie n'accepta qu'avec douleur un traité qui lui commandait d'oublier ses affections, c'est-à-dire son origine. Elle envoya un député en France pour protester contre la position qui lui était faite dans le traité de Paris ; mais ce fut inutile. Son malheur était consommé irrévocablement. Toutefois, elle ne cessa d'espérer, et dans cette espérance, durant les trois premières années qui suivirent l'acte de la cession, elle se résigna à vivre espagnole ; peut-être même s'y fût-elle assujettie pour un plus long espace de temps, si le gouverneur, don Antonio de Ulloa, savant distingué, mais gouverneur dur et inintelligent, eût agi avec douceur et n'eût pas voulu commander à une colonie française comme à un préside du Mexique. Les violences de cet officier rendirent plus vifs le regret de l'ancienne condition et la douleur de n'avoir pas mieux été entendu de la France. Alors une agitation sourde commença. Des représentations furent faites par le peuple au conseil souverain. Celui-ci en fit encore au roi et à ses ministres. En même temps on agissait de manière à leur forcer la main et le cœur, si la politique n'était pas inflexible. Le gouverneur espagnol n'avait pas pris possession légalement de la colonie ; on en profita, et le 29 octobre 1768, sur un ordre du conseil souverain, don Antonio de Ulloa s'embarquait pour le pays qui l'avait envoyé. Une petite colonie de six à huit mille hommes jetait ainsi le gant au roi catholique, et agitait la question de se former en république, si le roi de France ne répondait pas enfin à tant d'attachement. Pendant neuf mois, la colonie indépendante attendit avec anxiété pour savoir si ce roi qui l'avait cédée l'exposerait, après cet acte de vigueur, à retomber sous le joug et sous le coup des vengeances d'un despotisme irrité. Le jour où Ulloa s'était embarqué, plus de mille personnes en armes s'étaient trouvées dans la ville avec le pavillon blanc fleurdelisé. Les femmes, les enfants couraient le baiser. L'air retentissait des cris de : *Vive le roi! Vive Louis le Bien-Aimé!* Cruelles illusions! Presque en même temps le conseil souverain écrivait : « Votre Majesté trouvera dans « tous les citoyens des soldats qui offrent de ver- « ser leur sang, de sacrifier leurs fortunes pour « couvrir le Mexique et soutenir vos alliés, pourvu « qu'ils n'appartiennent qu'à vous, Sire, leur « très-honoré seigneur et roi, Louis le Bien-Aimé. » Vaines prières! Le 24 juillet suivant, la réponse vint d'Espagne. Un conseil de ministres, où figurait un duc d'Albe, nom de sinistres souvenirs, envoya un bourreau soumettre la colonie. Il s'appelait O'Reilly. Après avoir pris possession de la Louisiane, le 18 août, il se prépara à cimenter cette occupation par le sang de ceux qui avaient songé à fonder une république et à brûler la Nouvelle-Orléans plutôt que d'obéir à l'Espagne. Or, parmi ceux-là était Rouer de Villeray, beau-frère du procureur général La Frenière. Celui-ci avait été la tête de la conspiration; l'autre en avait été l'un des bras les plus puissants.

Joseph Rouer de Villeray, écrivain du roi, que les registres et quelques livres appellent à tort Roy de Villeré, uni à une petite-nièce du fameux Père de La Chaise, était capitaine de la côte des Allemands, et il disposait de l'esprit du chevalier d'Aremsbourg, son beau-père, qui en était le commandant. Sa position dans le pays, par ses relations, sa fortune, le faisait considérer de ses compatriotes autant que son courage, qui le rendit redoutable à leurs oppresseurs. Rouer de Villeray avait signé les représentations faites au roi en 1765 par les notables de la colonie, contre la cession. Plus tard, au mois d'octobre 1768, il en faisait signer une par les Allemands contre les actes du gouverneur, tandis que Noyan faisait de même auprès des Acadiens, « se servant l'un et l'autre, dit l'acte d'accusation, pour parvenir à ce but, de menaces, de ruses ou de flatteries, suivant ce que le caractère et les besoins des habitants l'exigeaient. » Cette lettre, c'était celle qui devait déterminer le décret d'expulsion d'Ulloa. La veille du départ de ce gouverneur, Villeray conduisait dans la ville, pour soutenir ce décret, quatre cents Allemands, Acadiens et autres miliciens. « C'est « lui, dit le réquisitoire, qui le traite comme un des « principaux moteurs de la conspiration, c'est lui « qui eut la témérité de surprendre le sieur Maxent « à la côte des Allemands et d'enlever une partie de « l'argent qui leur était destiné, de la part de don « Antonio de Ulloa, pour le payement des grains « que ces Allemands avaient fournis pour le service « de Sa Majesté catholique. L'unique but de cette « action était d'empêcher que le payement de ces « grains ne se fît, parce que les rebelles craignaient « que les Allemands et les Acadiens, déjà soulevés « par les moteurs et les chefs de la conspiration, « ne s'apaisassent par ce payement. »

Si ces actes audacieux montraient à la fois combien on aimait la France et combien on avait à cœur de se séparer de l'Espagne, celle-ci se vengea avec une vigueur plus barbare encore. O'Reilly, après avoir feint la clémence pour mieux réussir dans l'acte qu'il méditait, faisait, trois jours après la prise de possession, arrêter chez lui les chefs de la rébellion contre Ulloa venus en toute confiance d'après ses paroles à sa réception. Ils étaient livrés à une compagnie de grenadiers qui les emprisonna en partie dans la grande caserne, à l'exception de Villeray que le manque de place fit porter à bord d'une frégate mouillée en face de la ville. C'était là qu'il devait mourir. Marguerite-Louise de la Chaise, sa femme, d'après l'histoire du juge Martin, s'étant fait conduire à la frégate, on lui en défendit l'accès. Entendant sa voix suppliante, Villeray voulut monter sur le pont, mais le factionnaire placé à sa porte le repoussa. Une lutte s'ensuivit et Villeray tomba percé de coups. Le juge Martin ajoute qu'on jeta à madame de Villeray la chemise sanglante de son mari. La version du juge Martin ne s'accorde pas avec celle du capitaine Bossu (1). Mais la fin en est la même, c'est-à-dire que Joseph Rouer de Villeray tomba martyr de la liberté.

Ainsi périt un des hommes qui, les premiers dans l'Amérique, lorsque les États-Unis hésitaient à se séparer de l'Angleterre, firent entendre le cri de république et anticipèrent par là pour la colonie un état de choses, qui devait lui donner une puissance et une richesse inespérées, lorsqu'elle serait réunie à la grande confédération anglo-américaine.

Louis XVI essaya plus tard de réparer les malheurs de la famille de Joseph Rouer de Villeray

______

(1) *Nouveaux voyages dans l'Amérique septentrionale.* Amsterdam, 1777.

autant qu'ils pouvaient être réparés. Le 21 octobre 1780, il nomma lieutenant en second dans le régiment d'artillerie de Saint-Domingue Jacques-Philippe de Villeray, son fils ; mais les affaires domestiques de celui-ci l'obligèrent, par amour pour ses enfants, à retourner à la Louisiane. Il espérait un jour rentrer dans les Etats et au service du roi. Ses vœux furent trompés et il envia inutilement le sort de ses cousins qui, après avoir quitté le Canada, se distinguaient sous nos drapeaux.

Rouer de la Cardonnière, avait passé de Rochefort à Cayenne, en qualité de sous-lieutenant en 1764. Il y avait été fait lieutenant en 1769 ; en 1778 il avait été embarqué sur *le Superbe* contre les corsaires anglais. En 1781, il avait escorté avec quarante-cinq hommes sur une canonnière un brick chargé de poudre pour Surinam ; et quelque temps après, sur la demande de M. de Kersaint, il avait pris part à l'expédition de Demerary, où il avait débarqué le 30 janvier 1782, formant l'avant-garde. Sa belle conduite dans cette conquête le fit choisir pour commandant à Essequibo jusqu'à la remise de ce fort aux Hollandais et nommer capitaine le 23 mai 1782. En mars 1784, il passait à la Martinique où il était incorporé dans le régiment de cette colonie. En 1790 sa santé détruite l'obligeait à demander sa retraite après trente-huit ans de service. Du reste, avec les événements qui se pressaient alors, la divergence des opinions qui partageaient malheureusement les esprits allait faire abandonner les drapeaux à ceux que la maladie n'avait pas frappés, car il y avait alors deux drapeaux, et ceux qui se rangeaient sous l'un et sous l'autre croyaient également servir la France, même en marchant accompagnés de l'étranger.

Ce fut là le cas du frère de Rouer de la Cardonnière. Rouer de Villeray, nommé avec lui le 1er mai 1764 comme sous-aide major dans les troupes nationales de Cayenne, avait été obligé presque aussitôt de repasser en France pour se faire traiter d'un mal de poitrine que lui occasionnait une des blessures qu'il avait reçues à Louisbourg. Un moment, il avait cru devoir demander sa retraite, tant il souffrait, mais le climat de France lui ayant été plus favorable, il ne put s'y résoudre ; ses services, l'abandon, qu'il avait fait de sa fortune, afin de rester Français, le recommandèrent alors assez pour le faire entrer dans les gardes du corps du roi. Il y fut reçu le 9 septembre 1766 dans la compagnie de Villeroy. Le 1er octobre 1776 on le jugeait digne de la croix de Saint-Louis. Deux ans après, le 6 octobre, il était brigadier, puis maréchal-des-logis le 13 mars 1785. Dans ces différents grades, M. de Villeray se distingua comme instructeur en chef des gardes du corps et l'habileté qu'il y déployait, lui fit proposer par M. Doulcet de Pontécoulant, alors major général des gardes la place d'instruc-

teur général des quatre compagnies ; mais l'attachement qu'il avait pour la sienne l'empêcha d'accepter. Il n'en fit pas un chemin moins rapide en
passant, avant plusieurs de ses camarades, major
de cavalerie le 1ᵉʳ avril 1788 et lieutenant colonel le
6 avril 1789. Là devait s'arrêter malheureusement
sa carrière, car la royauté tombait et il ne voulut
servir qu'elle. Il fut un de ceux qui tentèrent en
conséquence de la soutenir. Mais si sa foi dans ses
principes demeura stérile comme celle de tant
d'autres, si elle ajouta même aux malheurs du
temps, elle contribua aussi à l'honorer par l'exemple d'une fidélité inébranlable. M. de Villeray se
rendit au château dans les deux journées du 24 et
du 28 février 1791. Il émigra en septembre de la
même année et fit à son corps la campagne de
1792, après laquelle il se retira aux États-Unis,
sur les bords de l'Hudson, dans le comté d'Al-
bany. En 1800 il revint en France et y obtint
sa pension de retraite. Il vécut alors loin des
affaires jusqu'au moment où les Bourbons ren-
trèrent. A cette époque, le 1ᵉʳ juin 1814, M. de
Villeray vint se réunir à son corps. L'âge qui lui
rendait le cheval difficile ne lui permit toutefois
pas d'y demeurer. Quinze jours après, Louis XVIII
l'admettait à la retraite comme colonel de cavalerie. Cependant, soutenu par le cœur, cet officier offrait de nouveau ses services au roi lors des
événements de mars 1815 ; mais, près de sa mort

qui arriva le 12 février 1816, il ne pouvait plus guère servir que par son fils qui, dans cette déplorable période des Cent-Jours, sut conserver le drapeau blanc sur le vaisseau qu'il commandait en fait. Son père eut le temps de le voir et mourut content.

Nos sympathies personnelles n'ont jamais été pour la cause que servait cette famille. Nous ne nous attachons pas à un homme, mais au pays, c'est-à-dire à la loi consentie par le plus grand nombre. Mais quelles que soient les opinions qui nous divisent, nous honorerons toujours la fidélité, le désintéressement, le courage et l'intelligence, même dans un camp adverse. Or, ces qualités, Louis Rouer de Villeray, alors lieutenant de vaisseau embarqué sur la frégate du roi *la Duchesse d'Angoulême*, et remplissant les fonctions de major des îles du Vent sous M. de Villemagne, les montra dans la circonstance dont il est parlé ici. Inutilement pressé par M. de Vaugiraud, gouverneur général, de rester auprès de lui, sachant qu'il était nécessaire au commandant de sa frégate, ancien émigré, qui avait quelque peu oublié son métier dans l'émigration, il préféra s'en aller en enfant perdu avec son capitaine pour conserver intact l'honneur du pavillon qui lui avait été confié. Ces qualités que le jeune officier avait montrées en cette occasion ne pouvaient étonner de sa part. Ses camarades, qui purent craindre qu'elles ne le perdissent, savaient que c'étaient celles de sa vie.

René-Jacques-Louis-Marie Rouer de Villeray, né à Paris, le 5 octobre 1782, était encore enfant quand son père partit pour l'émigration, mais sa mère, Marie-Joseph d'Agobert, femme éminemment distinguée, étant restée en France avec son fils et sa fille, prit soin de leur éducation et dirigea ce fils vers la marine, quoique cette profession dût le séparer d'elle presque toujours. Cependant, comme aucun des leurs n'avait suivi cette carrière, où plusieurs Canadiens qui leur étaient alliés, tels que les Lemoyne-d'Iberville et les Legardeur de Tilly s'étaient distingués, elle pensa qu'elle devait au nom qu'elle portait ce nouveau genre d'honneur; elle l'espérait de l'ardeur de son fils et ne se trompa point.

Louis Rouer fut embarqué pour la première fois, comme aspirant de deuxième classe, l'an VIII, et commença alors une vie active qui devait finir trop tôt.

Il prit d'abord part successivement aux campagnes de la Méditerranée et de Saint-Domingue sous l'amiral Gantheaume, à la campagne de la Martinique, au combat du Finistère, où il commandait par suite de la maladie d'un officier. En l'an II, étant embarqué sur la frégate *la Cornélie* à Alexandrie, il accompagna au Caire, en qualité d'interprète d'anglais, M. le colonel Sébastiani envoyé extraordinaire des consuls; il fut envoyé par lui,

dans une circonstance périlleuse, avec des dépê-
ches pour la frégate et il mérita les éloges du futur
maréchal. En l'an XIII, enseigne provisoire, il
était à Trafalgar sur le vaisseau *l'Indomptable*, capitaine Hubert. Le vaisseau, dans cette fameuse
affaire où il avait perdu beaucoup de monde et
éprouvé des avaries considérables, fut jeté à la côte
entre le port Sainte-Marie et Rota. Pendant la
nuit du 25 au 26 octobre 1805, il fit naufrage;
mille hommes et tous les officiers au nombre de
douze périrent, M. de Villeray seul fut sauvé. Le
consul général de France en Andalousie écrivait à
cette occasion : « M. de Villeray a seul échappé à
cet affreux naufrage; aussi commença-t-il, malgré
ses souffrances personnelles, à faire emporter les
moins blessés des deux cent quarante hommes,
tant marins que soldats, jetés comme lui à la côte
et provenant d'abord de l'équipage de *l'Indomptable*, puis d'une partie de celui du *Bucentaure*, qui
réunis formaient un total de douze cents hommes.
M. Rouer de Villeray, s'oubliant lui-même pour
soigner ses compagnons d'infortune, a prouvé en
cette circonstance combien il sait allier les devoirs
de l'humanité à la fermeté d'un officier. » On
comprend ce que valent de telles paroles au
sujet d'un jeune homme de vingt-trois ans; ce fut
aussi lui qui fit le rapport sur la perte du vaisseau.

Embarqué sur *le Héros* comme enseigne, puis

sur *l'Argonauto-Venudor*, capitaines Begon et Billiet, du 1er août 1806 au 14 juin 1808 il se trouva au combat et au bombardement devant Cadix, dans les journées des 9 et 10 juin. M. Billiet dans son rapport fit mention avantageusement de lui.

Quatre jours après cette affaire, il était prisonnier de guerre et transféré de Cadix aux îles Baléares. Il se trouvait à Palma le 22 mars 1810, lors du massacre des prisonniers par la populace, à laquelle le gouvernement n'arracha le reste de ces malheureux qu'en les jetant sur l'île de Cabrera. M. de Villeray, sur la recommandation d'un seigneur espagnol, resta prisonnier sur les bâtiments de guerre anglais jusqu'au 13 avril 1811, époque à laquelle, par ordre de l'amiral sir Charles Cotton, il fut débarqué à Campo en Calabre. Une fois libre, il aspira à regagner aux dépens des ennemis le temps qu'ils lui avaient fait perdre. Embarqué sur *la Ville-de-Mayence* en qualité de lieutenant de vaisseau, sous-adjudant de la flottille du 27 août 1811 au 23 mars 1812, il se signala dans trois affaires devant Boulogne.

La décoration de la Légion d'honneur fut alors demandée pour lui par le contre-amiral Baste, qui eut l'occasion de l'apprécier. Les connaissances que Rouer de Villeray avait déployées dans les différentes missions qui lui avaient été confiées, la bravoure et le sangfroid montrés par lui dans les journées des 3, 20 et 21 septembre 1811 firent même désirer au contre-amiral de se l'attacher comme aide de camp, et celui-ci le suivit à la grande armée, dans la fatale campagne de 1812, du 24 mars de cette année au 8 mars de la suivante. Il fut chargé en chef dans cette campagne des transports par eau à Kœnigsberg, Tilsitt, Wehluh et Kowno, et reçut des témoignages flatteurs de la satisfaction d'officiers de distinction, sous lesquels il fut employé. La croix fut demandée deux fois encore pour lui, mais c'était pendant la malheureuse retraite où il demeura toujours actif quoique malade. De retour en France, il ne demanda de congé que le temps nécessaire pour se remettre en état de servir. Le 19 mai 1813, il s'embarquait sur *le Duguesclin*, qui faisait partie de l'escadre du comte Missiessy et d'où il était détaché avec cent quatre-vingt-sept hommes pour commander l'artillerie à Gorcum, du 19 novembre au 20 février 1814. De ce jour-là jusqu'au 1er juin, époque à laquelle il put rentrer en France, il resta prisonnier en Prusse. Il crut alors que les événements qui se passaient lui dictaient de nouveaux devoirs. Le jour où il était délivré était celui où son père se représentait aux gardes du corps. Là fut la raison de sa conduite postérieure et aussi la pensée que l'abdication de Napoléon le déliait de ses serments. Il se donna donc à la Restauration qui, le 18 août 1814, le récompensa par la croix de la Légion d'honneur des services qu'il avait rendus à l'Empire, et peu de temps après il partait sur la frégate *la Duchesse d'Angoulême*, qu'il commanda du 5 septembre 1814 au 19 septembre 1815, sous le comte de Villemagne. Le service signalé qu'il avait rendu sous cet officier n'avait pu toutefois lui procurer un commandement en chef. Il fallut encore que le capitaine chevalier de Viella, commandant *l'Hermione*, demandât pour lui le titre de capitaine de frégate au retour du Brésil, où il venait de conduire avec lui l'ambassadeur de France. Enfin il obtint le brick *l'Écureuil* le 1er mars 1847. Mais ce que c'est que nos souhaits ! il aspirait à commander pour se signaler, et le premier commandement qu'il obtint le menait à la mort. Rouer, regardé de ses camarades et de ses chefs comme un des officiers propres à honorer la marine, mourut des fièvres dans ce voyage, et sa mort, en hâtant celle de sa mère, qui laissait pour seule héritière de son nom, en France, sa sœur Marie-Jacqueline-Joséphine de Villeray, chanoinesse honoraire du chapitre royal de Sainte-Anne, paraît avoir mis fin à une famille qui a rendu les services les plus recommandables aux colonies.

On ignore s'il reste dans quelqu'une d'elles d'autres descendants des officiers de ce nom, issus de Louis Rouer, premier conseiller au conseil souverain de la Nouvelle-France. S'il en est ainsi, et que cette notice se rencontre sous leurs yeux, ils y verront les obligations d'honneur que leur ont imposées les services de leurs pères. Mais si cette note doit constater seulement qu'il n'y a plus personne de ce nom pour aimer et servir la France, en se rappelant que cette famille a porté ses membres sucessivement au Canada, à la Louisiane, aux Antilles, à la Guyane, en voyant le dernier mourir au Sénégal, comme si tous appartenaient à cette France extérieure que nos métropolitains regardent si peu, en voyant cette famille ici établir et faire respecter les lois, là défendre la liberté nationale, ailleurs la réclamer et mourir pour elle, on espère que quelques anciens colons français ne demeureront pas entièrement indifférents à ces dévouements restés obscurs, qui, s'ils n'ont pas averti l'amour-propre de la nation par leur éclat, lui montrent du moins ce qu'elle a pu attendre dans des rangs plus modestes pour étendre au loin son influence.

P. MARGRY.

15 août 1851